1 001 choses de Noël à trouver

Alex Frith
Illustrations : Teri Gower

Maquette : Teri Gower et Nelupa Hussain
Rédaction : Anna Milbourne
Maquette de la couverture : Helen Lee
Pour l'édition française : Traduction : Stéphanie Sérazin
Rédaction : Renée Chaspoul et Nick Stellmacher

Sommaire

Choses à chercher

Préparer Noël demande beaucoup de travail. Viens te joindre au père Noël et à son équipe, qui s'affairent à rendre les vacances de Noël magiques pour tout le monde. Chaque scène dans ce livre est pleine de choses sur le thème de Noël que tu pourras t'amuser à chercher et à compter. Il y en a en tout 1 001 à découvrir.

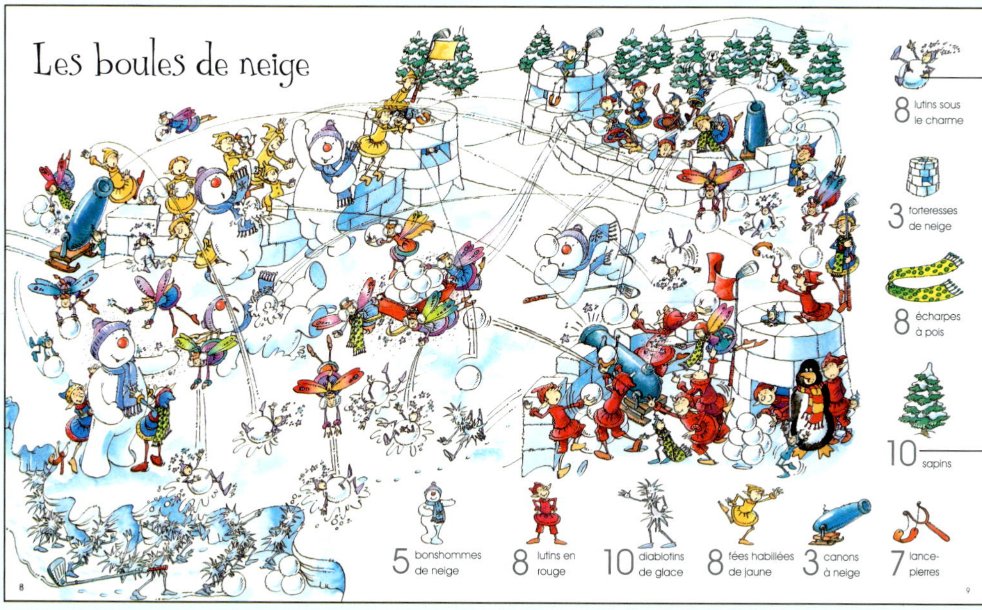

Chaque petite image te montre ce que tu dois chercher dans la grande image.

Le nombre t'indique combien de choses tu dois trouver.

Voici Gribouille, le pingouin. Il est venu passer l'hiver avec le père Noël et son équipe de travailleurs. Amuse-toi à le chercher dans chaque scène.

Au pays du père Noël

10 lettres volantes

5 lutins coupeurs de bois

8 rennes

4 bottes pour la neige

5 calendriers de l'Avent

9 vœux de Noël

1 mère Noël

9 couronnes festives

10 fées de la poste

7 lutins en traîneau

La décoration du sapin

6 harfangs des neiges

7 boissons chaudes

10 étoiles d'argent

9 cœurs

3 échelles

6 bonshommes casse-noisettes

7 écureuils des neiges

10 pommes de pin

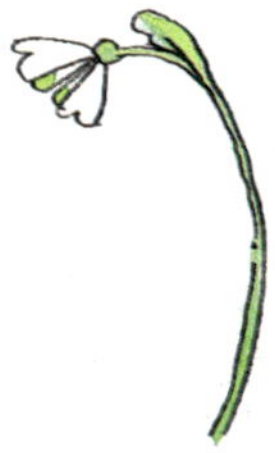

9 perce-neiges

8 lutins boules de neige

Les boules de neige

5 bonshommes de neige

8 lutins sous le charme

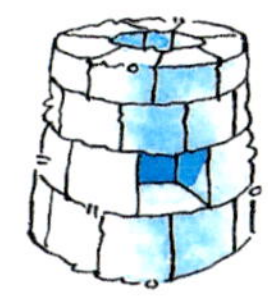

3 forteresses de neige

8 écharpes à pois

10 sapins

8 lutins en rouge

10 diablotins de glace

8 fées habillées de jaune

3 canons à neige

7 lance-pierres

L'atelier du père Noël

9 poupées

10 nounours

8 manettes rouges

7 mains de robots

8 lutins des jouets

5 burettes à huile

2 lutins pâtissiers

10 nœuds papillon jaunes

8 ballons à rayures

6 voitures rouges

Jeux d'Hiver

8 drapeaux

6 gnomes

1 bœuf musqué

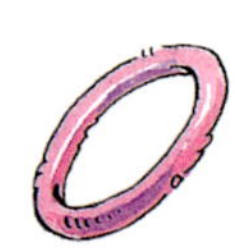

10 cerceaux

9 fées majorettes

5 monstres du froid

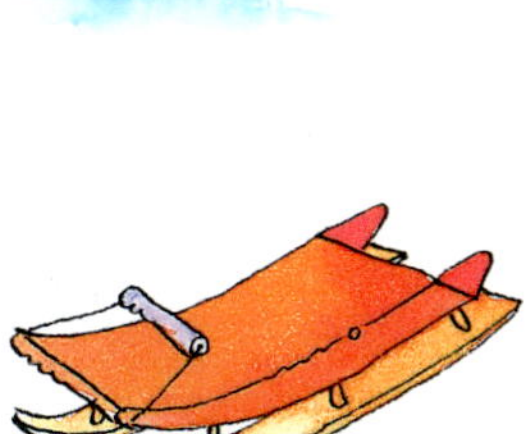

7 luges de course

9 lutins surfeurs de neige

4 ours polaires

9 crosses de hockey

La pâtisserie de Noël

5 poêles à sourire

8 moules à biscuit

7 bonshommes en pain d'épices

9 souris en sucre

8 lutins rois-du-gâteau

7 assiettes blanches

9 cakes aux fruits

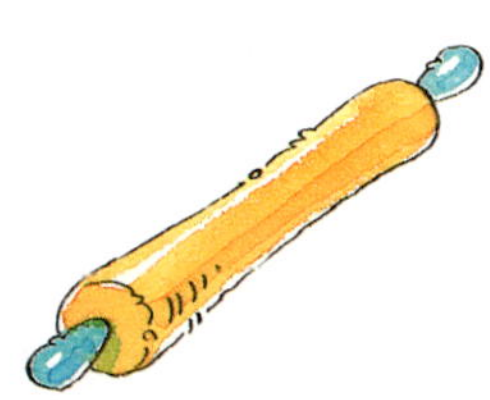

5 rouleaux à pâtisserie

3 lutins à fouet

10 gâteaux magiques

Le bal d'Hiver

10 tasses de chocolat chaud

6 lutins danseurs

7 joueurs de violon

8 oies des neiges

6 lutins en patins

7 sculptures de glace

9 masques

10 lampadaires

7 joyeuses souris

1 Bonhomme
Hiver

L'étable des rennes

2 lutins surveillants

7 repas de rennes

6 lutins astiqueurs

8 brosses à renne

10 sacs de poudre magique

5 flacons d'huile de sabot

6 lutins mécaniciens

9 seaux d'eau

7 pinceaux

6 bébés rennes

Par-dessus les toits

4 traîneaux verts

6 chats chanteurs

8 cloches d'argent

1 horloge de clocher

10 cadeaux violets

8 réverbères

10 lutins à cadeaux

9 cheminées

8 guirlandes électriques

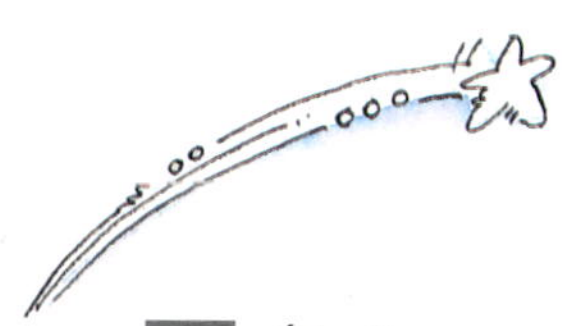

7 étoiles filantes

Au pied de la cheminée

8 chaussettes de Noël

4 chats endormis

3 branches de gui

9 souris en fuite

8 anges de Noël

9 sucres d'orge

10 cubes

5 carottes

10 biscuits

9 bâtons de fée

Noël sous les tropiques

10 noix de coco

3 bateaux tout décorés

2 phares

10 palmiers

9 lutins joueurs

10 feux d'artifice

5 chaises longues

8 tortues de mer

6 dauphins

Le repas de Noël

10 petits pâtés

6 bûches de Noël

7 bougies

10 couronnes de fête

4 gâteaux de Noël

8 lutins chanteurs

3 nains gourmands

10 verres de boisson gazeuse

8 pommes au four

9 serpentins

Jour de repos

10 livres de jeux

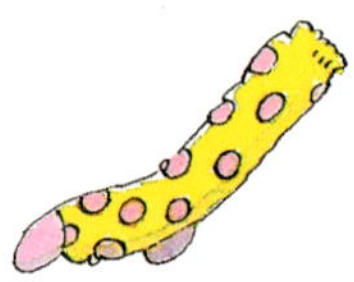

6 chaussettes pour le père Noël

4 dés

10 lettres de remerciement

9 lutins qui dorment

8 assiettes de sandwiches

7 boîtes de chocolats

9 lutins sur patins

5 petits trains

1 père Noël ronfleur

Pour le père Noël

Chaque année, après leur repas de Noël, les lutins du père Noël lui offrent des cadeaux. Amuse-toi à chercher ces cadeaux dans le livre et à les compter.

9 plumes d'oie

10 biscuits en étoile

1 auto des neiges

9 sacs de pièces en chocolat

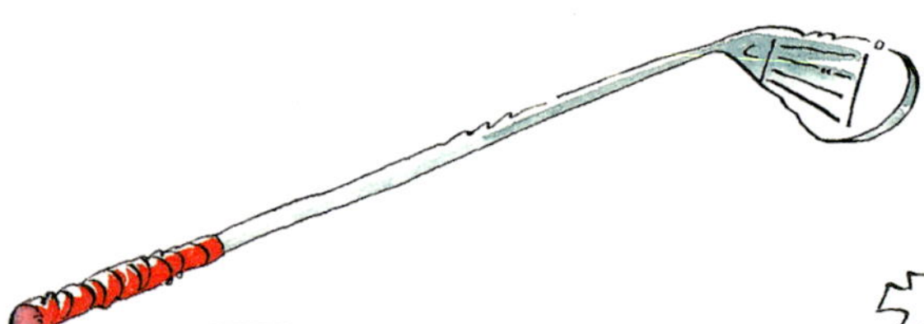

7 cannes de golf

4 billets pour le ballet

1 bouteille thermos

7 sacs de billes

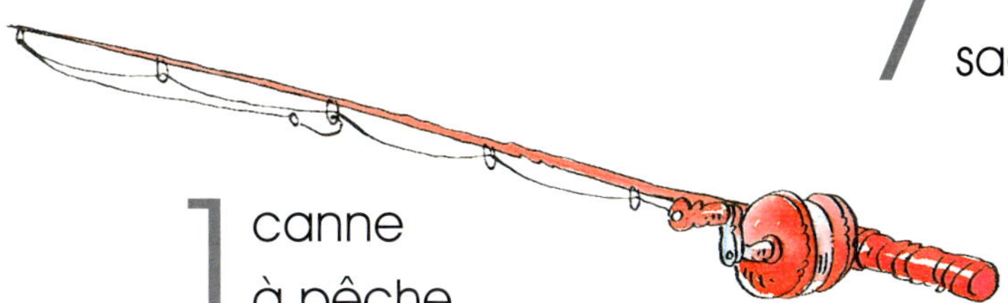

1 canne à pêche

6 bouteilles de jus de fruit

7 clés anglaises toutes neuves

1 habit de père Noël

4 bouteilles de shampoing pour barbe

Réponses

As-tu réussi à trouver tous les cadeaux du père Noël ?
Ils se cachent aux pages suivantes :

9 plumes d'oie :
pages 4-5

10 biscuits en étoile :
pages 14-15

1 auto des neiges :
pages 10-11

9 sacs de pièces
en chocolat :
pages 6-7

7 cannes de golf :
pages 8-9

4 billets pour
le ballet :
pages 22-23

1 bouteille thermos :
pages 12-13

6 bouteilles
de jus de fruit :
pages 16-17

1 canne à pêche :
pages 24-25

7 sacs de billes :
pages 20-21

1 habit de père Noël :
pages 28-29

7 clés anglaises
toutes neuves :
pages 18-19

4 bouteilles de
shampoing pour barbe :
pages 26-27